Love, Love, Love!
愛だナ！

JN180802

安田成美
Narumi Yasuda

はじめに
ものごとのリズム

本を出すなんて、いまでも不思議に思えます。いままでも「本を出しましょう」と言われたことがあって、何度か書いてはみたのですが、読み返すとかならず恥ずかしくなっていたたまれず、破いて、丸めて、捨てて、やめにしていました。

でも3年前にご縁があって、雑誌のコラムがスタートしたときに、私自身が思うことを言っても、読んでくれて喜んでくれる人がいるんだということを知ったのです。ドラマや映画のストーリーの役を通してではなく、私が自分の言葉で思うこと、考えることをそのままストレートに伝える楽しさを実感しました。
そんなときにこのお話をいただき、その上、今年出版するというタイミングがいまの私のリズム

としっくり合ったのです。
この流れに飛び乗ってみよう。
そして本という形で自分を出してみよう。

ものごとの流れにはリズムがあって、タイミングよくそれにのると、ことがスムーズに運ばれていくと思っています。
リズムが変わったときには、私の場合、無理してのりません。
とにかく楽をしていたいから。
次のタイミングを気長に待って、そのまま忘れてしまうことさえあります。

ですが、忘れたころにやってくる!
このたびの本の出版こそ、私にとっては、ありがたいタイミングでした。

contents

はじめに　ものごとのリズム・・・・・・・・・・・2
ハンモックにゆだねて・・・・・・・・・・・・・・・6
エディット・ピアフ・・・・・・・・・・・・・・・8
笑うこと・・・・・・・・・・・・・・・・・・・・10
頭と心をからっぽに・・・・・・・・・・・・・・14
オン・オフのスイッチ・・・・・・・・・・・・・16
パッチワーク・・・・・・・・・・・・・・・・・18
我が家の犬たち・・・・・・・・・・・・・・・・22
演じること・・・・・・・・・・・・・・・・・・24
豊かさに気づく場所・・・・・・・・・・・・・・26
　ハワイで出会った小さな雨雲・・・・・・・・・30
お仕事をはじめたころ・・・・・・・・・・・・・32
白いギャザースカート・・・・・・・・・・・・34
愛らしい人形たち・・・・・・・・・・・・・・・36
窓辺のグラス・・・・・・・・・・・・・・・・・40
イーブンの約束・・・・・・・・・・・・・・・・42
ホ・オポノポノとの出会い・・・・・・・・・・・44
ミネストローネ・・・・・・・・・・・・・・・・48
ヘアカット好き・・・・・・・・・・・・・・・・50
手仕事すること・・・・・・・・・・・・・・・・52
　四つ葉のクローバーを探して・・・・・・・・・58
子育てのこと・・・・・・・・・・・・・・・・・60
信じること①・・・・・・・・・・・・・・・・・62
信じること②・・・・・・・・・・・・・・・・・66

デザインすること・・・・・・・・・・・・・・・・・・68
子どものお弁当・・・・・・・・・・・・・・・・・・・72
パワーストーン・・・・・・・・・・・・・・・・・・・74
　イロイロ自然の色・・・・・・・・・・・・・・・・76
出会いのおうち・・・・・・・・・・・・・・・・・・・78
心がけ・・・・・・・・・・・・・・・・・・・・・・・・・・80
みんなひとり暮らし・・・・・・・・・・・・・・・82
瞑想すること・・・・・・・・・・・・・・・・・・・・84
ターニングポイント・・・・・・・・・・・・・・・88
母になって・・・・・・・・・・・・・・・・・・・・・・90
憧れのレース・・・・・・・・・・・・・・・・・・・・92
　ボタンが好き・・・・・・・・・・・・・・・・・・・96
私が困難にぶつかったとき・・・・・・・・・・98
私が悲しいことにぶつかったとき・・・・・100
旅のおみやげ・・・・・・・・・・・・・・・・・・・102
水・・・・・・・・・・・・・・・・・・・・・・・・・・・・106
気持ちを伝えるお手紙・・・・・・・・・・・・108
お守りアロマ・・・・・・・・・・・・・・・・・・・110
もしも、女優でなかったら・・・・・・・・・114
　自由な手編みのマフラー・・・・・・・・・・116
夕方のごほうび・・・・・・・・・・・・・・・・・118
子どもたちに伝えたいこと・・・・・・・120
あとがき　これから・・・・・・・・・・・・・124

ハンモックにゆだねて

ずっと欲しかったハンモックを、やっと家にとりつけることができました。ハンモックにゆられて宙に浮いていると、日常から遊離できて、かなりお気楽な気分になれます。

私は、その日、何か予定があったり、やらなければならないことがあったりすると、心がザワザワして、落ち着かなくなってしまいます。仕事があるという日でも、家にガス屋さんが来るというだけでも、あれこれ余計なことを考えて、ザワザワ　ソワソワ　バタバタ。

そんなとき、いったんハンモックにのって、すべてをゆだねて、なるようになるさと、ゆっくり深く呼吸します。そうすると、ふわっと、自然と落ち着きます。ゆだねてしまうって、すごいです。

ゆだねる、って簡単そうだけれど、勇気がいります。
気がつくと勝手に先回りして、いろいろ頭で考えて、心配、不安、不信を自分で作りだしてしまいがちになります。
そういうときは思い切って、
ふっと力を抜いて、
流れにまかせて、
解き放す。
許す。

すると、ハンモックにのっているときみたいに、自然に抱かれているような安心感が生まれてくるのです。
ものごとをありのままの成り行きにまかせてしまうのってときには、とてもよい方法だと思うのです。
なんといっても、とっても楽なので、めんどうくさがり屋の私にもってこいです。

エディット・ピアフ ♡

愛の讃歌。
バラ色の人生。
シャンソンです。
ただ私をうっとりさせてくれるだけのものだったのですが……

あるとき、
エディット・ピアフが観たくなってDVDを購入しました。

すると、もう!
すっかりピアフに魅せられてしまったのです。
ステージでのピアフは感動的でした。
歌のストーリーが、頭の中で映像となって、見えてくるのです。
ピアフの表現力はすばらしく、歌っているときの集中力にも脱帽です。
そのものすごいピアフのエネルギーにどんどん引き込まれていきます。
それでいて、プライベートの旅行中の映像では、ピアフは飾らず、子どものように天真爛漫。屈託なく笑っている姿は、歌っているときとはまるで別人なのです。

素のままで生きている人だから、ステージの上でこんなにまっすぐな表現ができるのでしょうか。
そして人の心にまっすぐ届き、響かせることができるのでしょうか。

すてきだー！！

私は歌手ではないのですが、気持ちを表現して伝える仕事をしています。
だから、自分が舞台に上がる準備期間中には、かならず、ピアフの映像を観るのです。
彼女のステージに立つ姿勢は、私のお手本です。

あー私もピアフみたいになりたいっ

笑うこと

歳を重ねるごと、鏡にうつる寝起きの自分の顔に驚かされます。
（あー……）
（大変なことになってきた……）
（どうしよう……）
朝、1日のはじまりだというのに意気消沈です。

だから、私はあるときから（ごく最近になってですが）、この朝の迎え方を自らきっぱりとやめることにしました。
老化という現実を潔く受け止めて、鏡の自分にほほえみかける。にっこり、*おはよう！*

意外に気が晴れます（しかも垂れ下がりが引き上がる）。そんなことを鏡に向かってやっている自分も、可笑しく思えて本当に笑えてしまう。

14歳で仕事をはじめてから、たびたび、取材などで「将来、どんなふうになりたいですか？」という漠然とした質問を投げかけられました。
私も漠然と「毎日、笑っていたいです」と答えていたことを思い出します。

考えてみれば、いまでも、究極、そのままかもしれません。
「毎日、誰かと笑っていたい」。

自分のダメダメなところをも、人前で笑ってしまえるようになれれば、もうこっちのものです。

最近は「どうしたらそんなふうに笑っていられるのですか？」とよく訊かれるのですが、「ただ笑えばいんです……」としか答えられません。

人前で泣きたいとき、涙が目尻からにじんでいても、私は、とりあえず笑います。笑うことで、気持ちをゆるめることも処理してしまうこともできるし、自分を守ることもできる。それに健康にも良いらしいです。

ただ笑う。
笑っていればいいんです。

頭と心を からっぽに

暖炉に薪をくべて、いらない段ボールを入れて、新聞紙を入れて、火をおこします（さつまいもも ☺）。

パチパチパチパチ

燃える木の香り。

ろうそくの灯火も好きです。
部屋中をろうそくの灯だけにすると、光と影の不規則な動きが、壁にうつし出されます。

火は、空気の動きに反応して、いろんな色や形を見せてくれます。
アートです。
自然が見せてくれるその美しさは、見飽きることがなく、変化する炎をずっと目で追いかけてしまいます。

そして無心になります。

頭と心がからっぽになって、ぼーっとしてくると、
身体の芯から温まり、穏やかになって、ふわっとします。

暖炉の前でぼーっとして、ろうそくに囲まれてぼーっとして、
自分自身を取り戻す。
ささやかでいて大切な時間です。

オン・オフのスイッチ

私は家庭の中から仕事へと外に向かうとき、母と妻であるという"役"のスイッチを意識的にオフにします。
早朝ロケのあるときには、子どもたちのお弁当や朝食の準備の前に、わざわざゆっくりお風呂に浸かります。1日のはじまりを大切に迎えられ、リフレッシュできるので、仕事のやる気が湧いてきます。

子どもたちを送り出して、すべての用事を終わらせ、私自身の出発のときには、フレグランスの力も借ります。きりっと引き締まる、もう10年は愛用している香りをふりかけます。この香りで、仕事モードにスイッチが入るのです。フレグランスは仕事以外でも愛用していて、女性らしくふんわりとしていたいと思うときはバラの香りにしています。

旅先のホテルで荷物をほどいたときには、ほっと安心感が欲しいので、荷造りしたスーツケースの中にお香の香りを忍ばせます。
音楽でも気持ちの切り替えができます。
移動の車や新幹線で現場に入るまでの道中などで、大好きなヨーヨー・マのチェロのバッハなどを聴きます。
歌声のような優しい音色が、私をいつもとは違う次元へと連れていきます。
神聖な気持ちにさせてくれるので、真摯な状態で仕事にのぞむことができるのです。

外に出たときのいろんな場面で、できる限り最高のコンディションを心がけています。
だからオン・オフのスイッチのための小道具は、私にとっては大切な必需品になっているのです。

パッチワーク

色合わせ、色遊びを楽しめる、パッチワークをやっています。ファッションでは、モノトーンを身につけることが多いので、その反動かもしれません。手芸屋さんでは、何時間も飽きずに、糸や布を前にして過ごしてしまいます。
好きなように布地を選べ、色合わせをして、デザインを考えて、決めていく過程に、限りなく自由を感じます。

パッチワークは、設計のための細かな計算が必要です。この厄介な作業に挑戦している自分をひそかに誇らしく思えるのもなんだか嬉しいのです。
むずかしい表情で、布とにらめっこをしている私を見て、「ママ、楽しい？」と家族からの冷やかしが入りますが、必死なまま「楽しいよ！」と意地でも答えています。気がつくと３、４時間なんてあっという間に過ぎてしまいます。

蜷川宏子先生にパッチワークを教えていただくようになって、３年近くになります。ショッキングピンクに、赤、紫……緑。とても鮮やかな先生の作品を目にして、「こんな色合わせがあるんだ！」と驚き、感激しました。おかげで、パッチワークへの興味が一気に湧き、はじめることにしたのです。

最初に作ったベッドカバーは、制作に4か月もかかりました。そして、これをいちばんほめたたえてくれた、妹に贈りました。とても喜んでくれました。去年から彼女は家族とともにアメリカへ引っ越し、新たな生活をはじめています。
私の想いや時間が入った手作りのパッチワークが、遠く離れた妹の家のベッドの上にのびのびと広がっている……。
そう考えただけで、本当に嬉しくなってしまいます。
私が喜びをもらっちゃいました。

3.5cm角の正方形。葉っぱのところ、お花のところ、白鳥、女の子……
と何百枚も切って、縫い合わせてコツコツコツコツ。

我が家の犬たち

2匹の犬を飼っています。いま、10歳になるマルチーズの母犬の **ムー** と、ヨークシャー・テリアとマルチーズのミックスの娘の **クー**。
子どもたちからずっと「飼いたい、飼いたい」とリクエストされて、飼いはじめました。子どもの手のかかる時期がやっと終わったのに、またお世話することが続くのかと、当初は渋々でした。

ムーのお腹に赤ちゃんがいることが分かったとき、獣医さんから「自宅で出産するのがいちばん良い」と言い放たれてしまいました。
私は、普段からお肉やお魚を調理するときに見る血が苦手で、私なりに奮闘しているのです。その私がお産婆さん!? 出産までお世話することになるとは思いませんでした。家族のみんなも大騒ぎでした。

出産後はムーの豹変ぶりに驚かされました。母親としての防衛本能で、子犬たちからは離れず、胎盤を食べた後の血のついた口でインターホンには吠えるし、近づく人を威嚇するし、パパ犬でさえも寄せつけないのです。
子どもを産むと強くなる。
母は強い。犬も人も同じだ。

いまでは、犬を飼うことをためらっていた私も、すっかり自分の子どものようにかわいがっています。そして良い関係も築けています。

ペットとして産まれてきた命だから、なおさら愛おしく、どんなしぐさもいつだってほほえましい気持ちにしてくれる。私たちのために存在してくれているように思えます。
飼い主の様子がいつもと違うと、心配して膝にのってきたり、そばにずっとついてきたり、眠くてソファでうとうとしながらでも顔だけはこちらに向けて、飼い主を感じようとしています。
人間の私のほうが、お世話されている側なのかも。
私も家族みんなも、犬のムーとクーに癒されていることは、間違いないのです。

演じること

演じることは、日常から離れて別世界に行けるので、とても刺激的です。
20代のころからひとつの作品に入るたび、いつも
どこか遠い所へ長旅にでも出発するような気持ちになって
しまいます。
現場へは、ほぼ毎日自分が住んでいる家から通います。
撮影に入っても、日常はそのままそこにあるということを頭で分かっていても、まるで、すべてにお別れをするかのような気分になってしまうのです。お別れの悲しさからか、居ても立ってもいられなくなって、夜中によく泣いていました（さすがに最近は泣かなくなりました）。
それでも、いったん台本をいただいたら、普段の生活の中で、その役の人物が私の横に存在しはじめるのです。
常に私と一緒にいるという感覚は、妙なものです。

本番がなにより好きです。
決まったシチュエーションと台詞で ポン！と別世界に入ったときは、とにかくどんなシーンでも不思議な感覚になります。
そして相手の演者さんと心が通じる瞬間、その一瞬がとても至福……かナ。「お！通じた！」って（注：相手の方に確認したことはありません）。

普段の生活の中でも、人と心が通じ合うとき、幸せを感じます。
でも、そういうひとつひとつの出来事や思いはさらさらと流れていってしまいます。

それが役を演じることで、
シーンの中で人の心に触れ、いろいろなことを体験できて、表現することができる。
その上、人に観ていただける。
それは、とても楽しく、嬉しく、ありがたいことです。
だから、いまも続けているのだと思っています。

豊かさに気づく場所

夫が大のハワイ好きということもあって、家族旅行はハワイと決まっています。

ハワイでの私は、とにかく、何もしないのです。
海に入って、泳いで、浮かんで、空を見て、砂浜に上がって、本を読みながらゴロゴロして、「気持ちイイー」と言っているだけです。

ハワイの好きなところは、風です。
洗濯物もよく乾きます。空に浮かぶ雲も、風のおかげでいろんな形にどんどん変わって、いつも楽しませてくれます。

それから虹です。
滞在中、かならず見ることができます。何度見ても大きな虹には感動してしまいます。消えてなくなるまでひたすら見とれています。

それから月です。
運よく満月に出会えた日などは、ひとり大興奮で、明け方、水平線に沈んでいく月を見届けるまで、何時間でもベランダに座り続けます。満月の光はとっても明るく、海面に月光の回廊をつくり、それを波がキラキラと輝かせるのです。本当にうっとりしてしまいます。

まったく時間を気にすることなく、普段の生活ではなかなか味わえない感動に浸っていられるのは、本当に贅沢なことだと思います。
家族とハワイに心から感謝してしまいます。
ハワイは、私にとっての豊かさを教えてくれる大切な場所です。

こんな大きな七色の虹！
息をのんだまま
もう二度と見られないかもと、
消えてなくなるまで
　　　　ずーっと見続けてしまう。

ハワイで出会った小さな雨雲

あっという間に
灰色の雲が集まってきて
広い海の上の1か所に
雨を降らしはじめました。
あの海の底で
何かが、起こっていたのかも！

お仕事をはじめたころ

14歳、中学2年のとき、「モデル事務所の方を紹介してあげる」と叔母に連れられ、そしてそのまま、そのモデル事務所に入りました。

ちょうどアルバイトがしたかったころでした。だからオーディションに行くのも、撮影に行くのも、私にとってアルバイトにすぎず、とくに辛いとも楽しいとも思いませんでした。何でもただ言われるがままだったのです。

私は4人きょうだいということもあって、早くから自分のものは自分で稼ぎたい、自立したい、ということだけは思っていました。
夢のある仕事なのに、いま思えばなんだか夢のない現実です。それでもドラマの仕事が決まったり、歌うことになったりで、私なりに仕事への欲も芽生えはじめました。

亡くなられた高田喜佐さん（夢のある創造的な靴を作られていた素晴らしいデザイナーさんです）との交流があって、お食事のときに、「なんで成美ちゃんは女優をやろうと思ったの？」と聞かれ、「お金のためだったと思います」と答えたのです。その場の空気のしらけ具合といったら……
いま思い出しても赤面してしまいます。
「私は流れのまま、ただそれだけで過ごしているんだ」。
お子ちゃまです。恥ずかしかったです。23歳ごろのことでした。

それからだったと思います。
私はやりたいのか、やりたくないのか。
なぜやりたいのか、なぜやりたくないのか。
何を表現したいのか、伝えたいのか。
そんな自問を繰り返すうちに、意識を持つようになりました。
自分の意志を自覚するようになったのです。
誰のせいでもなく、すべて自分が選んで決めているということを実感したのです。あのときの赤面事件のおかげで、一歩大人になれたと思っています。

白いギャザースカート

惹かれてしまうんです。気がつけば、買ってしまう。何枚持ってるかな……。20年前のものから、今年買ったものまで。それが白いギャザースカート。

風を受けてひらひらと歩けるのがいいんです。
風を感じられるのは、心地よく爽快です。

15、16歳のとき、雑誌で、黒人の大人の女性が、ハイネックのセーターに、革ジャン、白のギャザースカート、そしてブーツ姿というスナップ写真を目にしました。それがものすごく衝撃的で、新鮮なカッコよさを感じてしまったのです。かなりのインパクトでした。いまでもはっきり憶えています。

思春期のころの感受性ってほんとに強い。この歳になってもまだ残っているんですから……。
自分の子どもたちにもよく言うんです。

「青春だよ！いまだよ！
青春をフルに楽しんでたくさんのことを自分のものにしてー！」

いいナー、私もいまからでも青春したい。
いや、青春します、ヒラヒラと白いスカートを風になびかせて……。

10代のころから、変わらずに心に響いてくるモノやコト。自分の中に、静かに宝物のようにたたずんでいます。そして、いつでも私を「あのころ」に、そして同時に「これから」に、連れていってくれます。

愛らしい人形たち

なぜか私は人形が大好きなのです。おもちゃ売場に行くと、人形の前で釘づけになってしまいます。とくに外国のベビー人形はたまりません（小さいころ、ほとんど人形を買ってもらえなかった欲求不満からかナ）。10代のころ、はじめての海外ロケで、出会ってしまったベビー人形を我慢できず買ってしまい、ホテルのベッドで寝かせて眺めていたら、入ってきたスタッフに見られてしまったのです。その方、かなり驚き、そしてかなり引いてました……。

人形を抱っこして指をしゃぶっているような小さな子に憧れて、自分の娘にも、そんな子になってほしく、何度も人形を勧めたのですが、断固拒否。彼女の意志は固く、私の望みは叶いませんでした。その反動からか、私は「おばあちゃんになったら、いつも人形を抱っこして散歩してやる！」と言って、子どもたちを怖がらせています。

家族で、所ジョージさんのおもちゃの博物館のような事務所にお邪魔したある日、私はベビーフェイスの赤ずきんの人形を陳列棚から見つけてしまいました。「かわいーい！」と手にとっていたら、「いいよ、持っていって」と所さんがくださいました。この人形、頭巾の上の取っ手をひねると、顔が回転して、おおかみが出てくるのです。あまりのかわいさに感動していたら、昔作られたキューピー人形を６体もくださいました！
おーおー！！（所さんは、ウチの子どもたちにもいつも惜しみなく、はい、これあげる、これもと、あれこれ山ほどおもちゃをくださいます）。

私は、何かいただきものをしたとき、愛を感じてしまいます。人に喜んでもらいたいという純粋な想いからの表現だと思うのです。人に自分の想いを表現するのって、そう簡単なことではないです。モノでなくても想いを伝えるということ、人のために自分の時間を費やすことも。
愛だナー　愛があるナー。

いま、私はそのキューピー人形の画像をケイタイ電話の待ち受けにしています。いつも愛らしいその顔を見ると、心が和み、感謝の気持ちを思い出します。

そして、いつの日か、ケイタイ電話ではおさまらず、本当にベビー人形を抱えて、すまして街を歩いていそうで……。そんな自分がちょっと(かなり)怖くもあります。

小さいころ「おおかみと赤ずきんちゃん」を母から読んでもらうと、
「むかーし、むかし」とはじまっただけで、大泣きをしていました。
だって、おおかみが赤ずきんちゃんを食べちゃうんですもん!! 怖
すぎます……しかも、お腹を切って、また出てくる!! 怖いよーー。

窓辺のグラス

アイルランドのある村を取材している旅番組の中で、住民のおじいさんにインタビューしているシーンを観ました。

「どうして、水の入っているグラスを窓辺に置いているのですか？」
「妖精が飲む水なんだ」
「！？　見たことあるんですか？」
「見たことないけど、いるからね」

このおじいさんは、何も特別なことではないとでもいうように、ごく自然に答えていました。子どものころからずっと信じて続けている毎日の習慣なのだそうです。

私は、すっかり心惹かれてしまいました。このおじいさんの日常の中に、こんなに優しい楽しみがあるのだということに。そして、静かに、つつましく暮らしていることに。画面にうつっていたおじいさんは、とても穏やかで、温かさが伝わってきました。

私もおじいさんのまねをはじめました。
お気に入りのグラスにお水を入れて、窓辺に置いています。窓から差し込む光で、グラスもお水もキラキラです。
そして、ひとり勝手に遊びながら楽しんでいるのです。

あ!?お水、減ってる!!
きっと、蒸発してしまっただけなのですが。

イーブンの約束

毎日、夫婦で子どもたちを学校に送り、時間があればそのままついでにふたりで朝ごはんを食べに行きます。こういう時間もあって、普段から夫とはいろんなことをよく話しています。

ところが急にここ1年ぐらい、私の中で、やたらめったら夫にクレームをつけまくる大反乱が起きたのです。
で、
私の気もすんだようで、
反乱は無事終了。やっと落ち着きはじめました。

結婚したとき、私がお願いしたことは「いつもイーブン」。
子どもの面倒を見ること、仕事、時間配分、いろいろあるけど、精神はイーブンねって。

だけど実際はどうしたって女性のほうが男性よりも負担がかかってしまうのが現実です。身体のつくりをとっても、出産はするし、母乳は出るし、母性というものも自然と持ち合わせている。
気がつけば育児も家事も学校のことも、朝も昼も夜中も、毎日私の係になっていました。
当時は、目先のこなしていかなければならないことに追われていたので、こんなものなのかな、と思って過ごしていたのです。

ところが、知らず知らずのうちにじつは我慢をしていたという自分に、自ら気がついてしまったのです。
それから、フツフツ フッフッ、傷口から膿が次々出てきはじめたのです。
「あのときもこうだった！いまのその態度で思い出した！その言葉、昔も私を傷つけた！」とか、なんとか。
出てくる、出てくる。夫としては何のことやら、なにがなんだか。とにかく彼の記憶にはないのですから、目をぱちくりさせていました。
それでも、頑張って私の気持ちを真摯に受け止めてくれたのでした。

気づきがあってよかった。
伝えられてよかった。
おかげで傷も癒え、風通しが良くなりました。
ときどき、私が反乱を起こしている最中の夫の顔を思い出して、笑ってしまいますが。
イーブン、イーブンです。

ホ・オポノポノとの出会い

私は若いころから、たくさんのコンプレックスを持っていました。そのひとつひとつなど恥ずかしくてとても人には言えませんが。
そして、それらを心から克服したいと願っていながら、自分では何もできずにいました。

そんな中、とうとう、ある本に出会ったのです。ハワイに伝わる「ホ・オポノポノ」という考え方が書かれている本です。
人生の中で起きるいろいろな問題は、過去の記憶が原因。その記憶をひとつずつ手放していくことで、自分自身の存在を受け入れる。そして、楽に豊かに生きよう、ということを説いています。

この出会いをきっかけに、私の中の厄介なかたまりが、ゆるみはじめてきたのです。自分自身で勝手に作り上げていた考え方、感覚を、ひとつまたひとつと見つけ出して、きちんと向き合い、そして許していく。何度もこれを繰り返していくうちに、少しずつ、自分を認めてあげられるようになってきました。

物事や人のとらえ方を決めているのは、私自身でした。良い悪いも好き嫌いも。気がつけば、判断したり、評価したりするクセまでついてしまっていて。また、このクセが、なかなか手強い！

すると自分で自分の人生をつくっているように思えてきます。もし、私自身で私のドラマをつくっているのだとしたら、楽しいストーリーで、すてきな登場人物にしていきたい！ そんなことを考えていると、生きていることがつくづく面白いと思えてきます。
楽しいほうがいいに決まっています。
どうせ死んでしまうのですから。
（これはあの水谷豊さんの名言！）

そうです、我慢しているヒマはない！ 私は、心からそう思っています。

たくさんの 知恵を
バッグに入れて持ち歩ける
いつでも 好きな時に何度でも広げられる
寝ながら 読んでもいい！
本って、ありがたいです。

ミネストローネ

ミネストローネは、我が家ではカレーやハンバーグと同じくらい、みんなのテンションが上がるメニューなのです。母である私にとっても、この一品でたくさんの野菜を子どもたちに摂ってもらえるので、作っていても充実します。

オリーブオイルで、刻んだベーコンとにんにくを炒めて、にんじん、セロリ、玉ねぎ、キャベツ、赤パプリカ、マッシュルーム、ズッキーニ、バジル……などなど、食材を1センチ角ぐらいにどんどん刻んで、どんどん大鍋に入れていきます。あとは、水とトマトピューレ、野菜ジュースと一緒にグツグツ煮るだけ。塩やこしょうなどで味を調整すれば出来上がり。簡単です。

残ったら、①オリーブオイルで炒めたお米を加えてリゾット。②ドロドロに水気がとんでしまったら、刻んだピーマンを加えて、食パンの上にチーズと一緒にのせて、ピザトーストに。③オリーブオイル、唐がらしなどを加えてパスタ。
まとめてたくさん作ってしまえば、家族がそれぞれ好きにアレンジできる。そこも人気の理由なのかと。
夏でも冬でも、季節を問わずに楽しめる、我が家に欠かせない一品です。

トントントントン……

入れちゃいます

おまたせー！

ヘアカット好き

鏡の前に座らなければならないヘアサロンは、仕事のような気分になってしまうのです。早く席を立ちたくってソワソワ。辛抱の時間です。
行かないですむのなら……
できれば行きたくないのです。

そういうこともあって、つい自分で髪を切ってしまいます。ちょっと伸びたと思うと、我慢できず、ハサミを握ってしまう。まずはこの前髪から……チョキチョキ。いつもスタイリストさんからは、「また切りましたね！？」「はい、やっちゃいましたー」懲りないのです……。

私は小さいころ、よくパーマ屋さんになりたい、と言ってました。
ひとつ上の姉の髪に、母のカーラーを巻きつけたり、登校前に妹の髪を編み込みにしたり。いまはもっぱら、ハサミで切ることが好きです。

子どもたちの髪は、私がずっと切ってきました。もういまでは、娘の前髪しか切らせてもらってません。とくにお酒が入るとハサミを持ちたがる、ということがバレたのか、

「ちょっとぉ、今日お酒飲んだでしょ！ダメダメ」

残りの標的は犬。
チャキーン！ハサミを手に、「いらっしゃい！」
犬はぶるぶる震えてはいますが、付き合ってくれます。
かわいそうなのは翌日の犬の姿です。後ろ姿がひどいO脚になってしまっていたり、顔の大きさが左右違っていたり。
「あれ？昨日はいい感じだったのに」
とうとう犬も逃げるようになって、子どもたちに止められてしまいました。

それでも夫だけはいまでも私に髪を切らせてくれています。もちろんお酒抜きで。
それはそれは慎重に行っています。
ここ最近、カラーもはじめました！

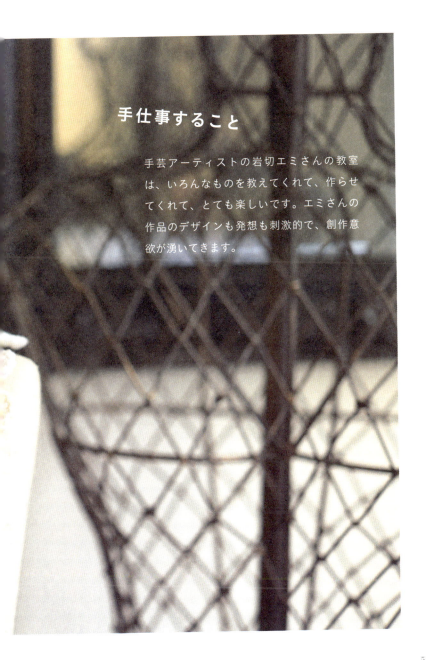

手仕事すること

手芸アーティストの岩切エミさんの教室は、いろんなものを教えてくれて、作らせてくれて、とても楽しいです。エミさんの作品のデザインも発想も刺激的で、創作意欲が湧いてきます。

白いコットンの糸でカギ針編みのお花を作り、ネックレスにする。
エミさんが「カギ針編みはペンで一筆描きをするようなもの」と教えてくださったとおり、作りたいイメージを糸と編み棒だけでスルスル形にしていくのです。

糸が形になっていく快感といったら！
　　　　　　　なんという自由！

冬先にルームシューズを作ってみたり。
ストックしてある毛糸を引っぱり出して、お茶を飲みながらテレビを観ながら、どんどん編んでいきます。

持っているものをアレンジするのも面白いです。
シンプルな夏のカゴやストールの縁に、好きな色合いでフリンジを縫いつけて華やかに変身させたり。
スカートの裾などにお気に入りの綿糸でフリルをあしらってみたり。

Tシャツの両袖部分に、フェルトパンチャーで羊毛を打ってフワフワにしてリッチにしてみたり。
「そうだっ」と思いつくと、とにかく居ても立ってもいられなくなり、作りはじめればもう止められません。

出来上がったときの喜びといったら——
この喜びを早く味わいたくって、待ちきれなくって、
手が、手が……止まらないのです。

タッセルのくくり糸を
いろいろな色に変えて
カゴの縁にビッシリつけてしまえば
カラフルに様変わり。

細めのカラフルな糸で
お花やポンポンを作って、
あとは色合いを見ながら
カゴに縫いつけていくだけ。
取っ手にも縁にも お気に入りの
　　　　　　布をまきつけて。

四つ葉のクローバーを探して

いつだったか、次男が
「指を入れて、すくってみたら
四つ葉のクローバーが
ついてきたんだよ！！」って。
それからというもの
クローバーを意識しちゃう……
気になって、気になって。

子育てのこと

娘はアトピーで、小さいころは夜中もかゆがり、かきむしり、血だらけになるので、私も1時間おきに起きていました。薬を塗ってマッサージをしながら、「明日はさすがに無理だけど、1週間で治るワ」と自分で勝手に期限を決めていました。翌日もまた同じことを繰り返すのに、「1週間で治るワ」と。
私はいつも「いまだけ」、「明日まで」、「1週間」と決めつけ、気がつけば何年も経っているという具合です。
振り返ってみると、そうやって子どもたちひとりひとりと乗り切ってきたように思います。おかげで大変なときも自分を追い込まずにすみました。

長男は小学校のときの数年間、登校することに苦しんでいました。先生からカウンセリングを受けるよう勧められたくらいです。自分の子がほかの子と何かが違うということは、不安になります。車で彼を学校まで送り届けたのに、バックミラーを見ると、泣きながら走って追ってきているのでした。私も一緒に泣きながらスピードを上げました。「明日、ダメだったら車に乗せよう」と。
彼ももう大学生です。いまではお気楽によく鼻歌を歌っています。

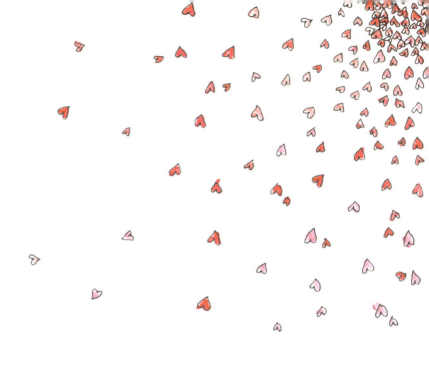

自分の子育てが正しかったかどうかは分かりません。
でも一生懸命彼らと向き合ってきたということだけは、それだけは自信があるんです。そしてそれを彼らが感じてさえいてくれれば、私は満足です。愛だけは伝わっていると、そう思えるからです。

本当にあっという間です。
もうあのころには戻れない。
ぽちゃぽちゃの小さい身体を抱っこできない。
そう思うと、
もう、
涙が出ちゃう。だって、お母さんなんだもん♪

信じること ①

天使はいる、と信じてますか？
天使はいる、らしいです。
私はいると、
（白状してしまえばとても恥ずかしいのですが）信じているのです。

信じたほうがお得だからです。
かなり不純な感じですが、とにかく信じることに決めたのです。

で、信じてみたら、天使は、**いる**のです。

1. 目覚まし時計が壊れてしまって、困ったので、「5時に起こしてね！」とお願いすると、ぴったりジャストの時間に起こしてくれました。しかも風で！

2. 「今日の会食相手は苦手な人。私を嫌な女にしないでください。楽しい時間にしてください」とお願いすると、苦手な気持ちなど何も感じないで、ずっと気分よく過ごせたのです。

3. ほかにもまだまだいろいろ……

毎日とても小さなことですが、いろいろな形で手伝ってくれたり、助けてくれたりします。何といっても、一緒にいてくれていると思うだけで、心強く感じます。

でも本当は **いない** のかもしれない。
それでも、そうだとしても、
何かが、
誰かが、
そばにいる、見守っている、助けてくれる、と信じ切ってさえいると、安心で心地いい状態でいられます。そして自信も湧いてきます。
そういうときって不思議と自分のまわりに、いま必要な【答え】や【ヒント】がいくつもちりばめられていることに気づかされるのです。そしてその上、ミラクルが舞い込んできたりもするのです！

だからいつも私は、
ありがとう　ありがとう　**ありがとう**
です。

信じること②

小さいころ、私は妖精を見ていました（もちろん信じてもらえないのは慣れています）。

夜中によくトイレに行く子でした。2階の子ども部屋から階下のトイレまで、階段を下りていかなければなりません。1段2段と踏み外さないようにゆっくり下りていくと、壁の両際に、膝下くらいの小さな妖精たちがいつも出てくるのです。
しかもみんなで私を笑わせようとするのです。クスクス笑って、指差したり、耳打ちし合ったりして、笑いを誘うのです。私はというと、怖くも何ともなく、かえって、「またいるー。まったく！ 今日は絶対に笑わないから」って思っているのです。
でもいつも、トイレに着くと、灯りの下で笑っている自分に気づかされるのです。「うー、今日も笑ってしまった」。じゃんけんに負けたぐらいの悔しさを感じていました。

私にとっては、気にも留めないくらいのことだったので、家族に話したこともなく、いつから見なくなってしまったのか、ということも、はっきり憶えていません。引っ越しして高校生ぐらいになってからか、「そういえば、妖精見てたナー」と、ふと思い出したくらいです。

ただ寝ボケていたのかー。
いやいや、確かに見ていた。

だからかな、私は目に見えないことを自然に受け入れられます。
目に見えないことを信じるのって、無性に心がワクワクしてきます。

デザインすること

アクセサリーのデザインをするのが好きです。自分でネックレスや指輪を、ビーズで作っていたこともあります。一度、お店を自分なりに出したこともありました。が、すぐ閉めました。
続けることって、本当にいちばん大変で難しいことです……。

それでもデザインすることは変わらずに好きで、思うままにスケッチしてみたり、お友だちのジュエリー屋さんに発注して作ってもらったりもします。着こなしに、エレガントな雰囲気や、ハンサムなアクセントをプラスしてくれたり、耳元や首元の肌に輝きを与えてくれたりするアクセサリーの存在は、とても魅力的です。

　　「こんなのはどうかな」
　　　　「こうしたらいいかも！」

飽きることなく、ずっと考えてしまいます。
私にとって、とても楽しい時間です。
こんなふうにひそかに生み出されたものを、「いいね！」、「欲しい！」って人から思ってもらえたら、幸せだろうな。いつかそんなことができたらいいな。

何か好きなことがあって、そのことを考えたり、手を動かしたり、空想してみたり。
自分の中にある「好き」が、生きることの小さな原動力になっています。そして、日常を豊かにしてくれているのだと思います。

創造することは、とても楽しいのです。

パッチワーク教室ではじめて作ったりんごの針山。
私の裁縫道具の中の主役です。

ピンクの糸に囲まれて編み物を楽しんで、
出来上がりのピンクを膝にのせて満たされて。

子どものお弁当

長男が3歳のときからお弁当を作りはじめ、17年になります。末の娘があと3年ほどだから、計20年。 ヨッ!!

朝お弁当を作ると思うと、前日の夜はそれなりのプレッシャーがあります。翌日お休みの日とは、やっぱり気の持ち方が違う。
それでもすっかり習慣になってしまってはいるので、ここ数年はもう行き当たりばったりになってきています。

人気メニューは 焼きそば。

前日の夕食メニューを生姜焼きにします。味つけした生姜焼き用のお肉を取り分けて、冷蔵庫に寝かせておきます。付け合わせ用の野菜炒めの具材も同様に取り分けてキープ。翌日はそれらみんなを焼きそばに加えて、さっと炒めるだけです。お肉にしっかり味がしみていて、生姜もきいているので、冷めても安心で美味しいです。あとは冷蔵庫にあるものを入れ、お弁当箱の中の色どりを整えます。

娘はその日のお弁当にコメントしてくれたり、きれいに食べてきてくれたり……女の子ならではの優しいリアクションで、私を喜ばせてくれます。
たまに残してしまったときでも、「夕ごはんのときに食べるから、取っておいてね」と言って、残さず食べるのです。
作りがいを感じてしまいます。

Thank you

パワーストーン

空の青。

芝生の緑。

ミモザの黄色。

夕陽のオレンジ色。

スイカの赤。

私は身のまわりにある、自然がつくり出すたくさんの色に、毎日、毎瞬、新鮮な驚きを感じています。

中でも、石の色にはとくに魅せられてしまいます。石は地球から生まれた鉱物。何千年、何万年、何億年という長い年月の中で育ち、そして地表に出てきたのですから、神秘的です。

そしてパワーを感じないわけにはいきません。壮大な地球と、気が遠くなるほどの時間の流れが、小さな石に詰め込まれている─! その石の色のもつ美しさ! 自分のものにしたい! 身につけたい! かなりテンションが上がります。

惹かれる石に出会ったとき、いまの自分に必要なものなのかも……と、その石の意味や効果を調べます。私にとって、自分の状態を知ることができる大切なツールにもなっています。

石を手にすると、
ぼんやりほんのり、
その石を感じ、
そして自分を感じることができる。
これもパワーストーンの不思議な魅力です。

イロイロ自然の色

庭のミモザ フワフワの黄色
この春、もっといい場所にと、
移して植えかえたら枯れちゃった。
大事件の犯人は夫。今でも
罪の意識で苦しんでいる！
これは最後のミモザさんの写真

毎年夏の終わりに採れる
　庭のザクロ
　　甘ーい！！

春、庭にピンクのバラが
　　咲きます。
　蝶々もハチも来ます。

海に沈む
夕陽のオレンジ

ニューヨークセントラルパークの
メープルの木（秋）
ほんとうにすばらしい
見たことのないオレンジ色

ロンドン
セントジェームズパークの
花々（初夏）
まぶしいくらい鮮やか！

出会いのおうち

いまオフィスとして使っている建物は、不思議な巡り合わせで出会いました。
ここは、もともとはじめてひとり暮らしをした地域でもあり、お散歩したりご飯を食べに行ったりする大好きななじみの街なのです。

その日も夫とふたりでぶらぶら歩いていたら、古い一軒のおうちを見かけたのです。
「こういうところ、事務所だったら静かで、いい感じだね」と話していました。
その後のある日、話していたおうちが売りに出ているということを知り、「あのおうちだ! 行ってみよう!」。そして到着したそのままの勢いでおうちのチャイムを鳴らしてみたのです。するとラッキーなことに中から年配の女性がドアを開けてくださいました。
「すみません、突然。おうちを売りに出していると聞いたので」
「そうよ。あら! あなたたち! 良かったら見てみる?」
と、その場で中へと、そして各部屋すべて案内してくださったのです。
そして見終わったときには、「いいわ。あなたたちで」。
この日のうちに決まったのです!!!!!
不動産屋さんが登場したのはその後でした。

築50年以上のこの建物は、家具屋さんだったご主人の設計で、いたるところにすてきなデザインが施されていまし

た。中央が天窓のある吹き抜けで、上の階から下まで光を取り入れた、らせん階段がとくに気に入りました。
おかげでインスピレーションが次々に湧いて、いい形でリノベーションができました。いまここはオフィスとしてだけではなく、人が集まる打ち合わせ、取材、撮影、ボイストレーニングなどなど、多目的に活用しています。

私は何か欲しいとき、必要なとき、そう願っていればいつかどこからか出会いがやってくると、なぜかそう思っているのです。
ただ夢みて、のんびりして……
でも実際のところ、夢想してワクワクしているだけでも、私は結構満足してしまうほうだと思っています。

心がけ

私ももう50歳です。
健康管理を自分なりのペースで少しずつ厳しくしていこう、と思いはじめました。

そこでまずは、毎日いただくごはんを 発芽玄米 にしました。白米に含まれていないビタミンやミネラルが豊富でとっても栄養があるそうです。
さっそく、専用の炊飯器を購入しました。簡単に出来上がるし、とっても美味しいのです！
撮影でお弁当が続くとき、朝、塩でおにぎりにして持参します。
出されたお弁当のおかずをつまみながら、発芽玄米おにぎりをいただくと、すっきり気持ちがいい満腹感を味わえます。
食後の撮影も、おかげで気分がいいのです。

育児もあって、つい最近まで自分のことを忘れていました。
子どもに食事を作ったり食べさせてあげていると、すっかり自分も食べた気になっていて食事をしていなかったり、面倒だから食べ残りだけで食事をすませていたり……。

もう無理はきかなくなってくるし、したくもありませんから。

せっかく健康な身体に産んでもらったのです。その私の身体をきちんとキープして、大切に付き合っていこうと思います。

自分にちょっと手間をかけて、優しくしてあげよう！
（うん。そして人にも優しくしてあげようー）

みんなひとり暮らし

我が家では、食事は個々で好きなときに取っています。「みんなで食べること」にこだわるよりは、美味しく食べることに重点を置いて、その日のスケジュールや、それぞれの生活のペースにまかせています。

家族ひとりひとりの状況を把握して、無理しない、強要しない。「べきである」はありません。

たとえばお誕生日など、今日はみんなで集まろうか、というときや、必要な行事など、礼儀にかなう最低限の範囲だけ分かっていて、そういうときにきちんと集まれれば、基本的に自由です。

それでも、ものがまだ分からない小さいときは、手こずりました。

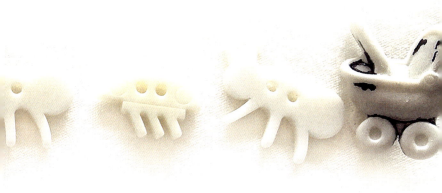

娘がまだハイチェアで食事をしていたころ、外での会食で「イヤイヤ」がはじまったときは、いったんその場から連れ出して、ここはおうちと違う、家族以外の人と一緒にいるところ、なぜ今日はみんな集まってお食事をしているのか、ということも、こと細かく説明して聞かせました。分からなければ、いつまででも食べずにふたりで外にいる覚悟です。ある意味お互い忍耐でした。

いまでは、子どもたちが最低限の約束を理解できるような年齢になったので、私も個々の生活を尊重しています。
よく「うちはみんなひとり暮らしだね」と言うのですが、それが意外と、家庭円満につながっているのかもしれません。

瞑想すること

私はほぼ毎日、朝の寝起きと、夜眠る前、そのどちらかだけでも瞑想します。
時間は、5分だったり、1時間だったり、まちまちです。
ベッドの上で簡単なストレッチをして、身体をほぐしてから静かに座ります。

はじめはいつも頭の中で、ひとり会話が繰り広げられているので、それが落ち着くのを待っています。
そして頭も心も静かになったら、呼吸だけに意識を向けます。
今日朝が迎えられたこと、1日を無事終えられたことの感謝もします。

瞑想は20歳のころから、何度かトライしていたのですが、なかなかしっくりうまくできませんでした。
でも、なぜかここのところ(歳のせい?)静かな状態でただ座っていることが苦でなくなり、無理なくできるようになりました。

瞑想はとてもいいと、私は思います。

心のことでも、身体のことでも、自分自身のことにとても敏感になります。
だから自然と、自分を調整することに意識を向けられます。
毎日微調整をしていれば、いいバランスを保てると思うのです。
いいこと尽くめです。

それにまだまだ瞑想って奥が深そうな、
そんな気配を感じるのです……
うふふ。
そのうち、宙に浮いていたりして。
きゃあ。

ハワイでは、どこでも気軽に瞑想します。
家のベッドの上も快適です。
タイミング悪く子供が入って来て見てしまった時
の恐れおののき様ったら……
暗闇で、ちょっとコワい…よね。
　　　す、す、すわってる〜〜

ターニングポイント

テレビドラマの主役を降板。私の人生で、とても大きな出来事でした。途中で辞める決断は、女優業ができなくなる可能性も覚悟しました。何もそこまで……といまになったら思えるのですが、当時の私はとにかく、カチンカチンのまっすぐ頑固、ただの怖いもの知らずだったのだと思います。
思い入れが強すぎて、考え方の違いに歩み寄れず、それでいて人の言葉を真に受けて。
もちろん、テレビ、雑誌、各方面の人たちから、いろんな批判を受けました。大切な番組にヒロインの途中降板ということで傷をつけてしまったのですから、私本人が傷を負うことは、当然のことでした。
そして私のその傷は、とても深く、大きく、とっても痛かった！です。

この出来事が私のいちばんのターニングポイントになっています。
20年ほど経ったいまでも、ここからたくさんの気づきをいただいているからです。人はそれぞれみんな違う個性を持っているということ。それを自分本位に判断せずに、まずは認めるということ。自分の想いを伝えるときは、愛を持って伝える。
尊重し合うということ。分かり合うこと。
みんながそれぞれ特別な存在。そして私も特別な存在。
だからすべてに感謝する。

そう、何より私には感謝の心が足りなかったのです。
仕事があるということに、
役目があるということに、
人がいてくれていること、
食べられること、
眠れること……
当たり前なんていうものはないんだということに気づかされました。

降板して落ち着きはじめたころに、長男を妊娠しました。
完璧なタイミングでした。子どもが私の気づきや学びに、
拍車をかけてくれたのです。

おかげで年々、いろいろなことやいろいろな人に
感謝する気持ちが深く大きくなってきています。

そして、もちろんいまでも私の学びは、まだまだ続いています。

母になって

子どもを3人授かって、子育て奮闘中、このままお仕事がなく、もう女優ではなくなるのかー、と思いはじめたころがあります。

「○○君ママ」「○○さんの奥さん」と呼ばれることが増えて、私が、安田成美が、消えていくように思えたのです。
それは、社会から消えていくような感じです。
とくにこの仕事は、ニーズがなければ成り立ちません。私自身が求められる人、望まれる人になる。そのためには、何が必要なんだろうと考えました。

そんな中、いまのオフィスになっている建物に出会い、そこで窓辺の一角のスペースをもらって、好きが高じてアクセサリーのお店をはじめてみたのです。私にとってのチャレンジだったのですが、お店はすぐに閉めてしまいました。
次々と新作を出すこと、お客さまに手にしてもらわなければいけないこと、オーナーとしてのスタッフとの接し方、プロの厳しさを痛感したのです。

何よりいちばん難しいのは、続けるということでした。

そうか……
歳を重ねても、女優を続けるという難しさ。

求められる人になる、
望まれる人になる。
どうすればいいのか、何をすればいいのか。

いつどんなときでも、私の課題となっています。
私には何が必要なんだろう……。

憧れのレース

手仕事が好きなのに、レース編みはできません。叔母が何度か教えてくれたのに、できないのです。こんなにレースが好きだというのに。
たぶん、大ざっぱでアバウトな性格のせいです。

白い細い糸が、少しずつ、少しずつ模様になって、美しいレースが出来上がっていく。叔母のこまやかな、そして忙しく動き続ける手の動きは、とっても見ごたえがあり、私を釘づけにします。

　　いいナ、
　　　　いいナ、
　　　　　　うらやましいナ。私にはできない!!

数年前にベルギーへ行ったとき、ボビンレース編みの教室兼アトリエを見学することができました。そこで編んでいた80年以上のキャリアを持つおばあさんの手の動きは圧巻でした。しわだらけの大きな手で、小気味よくレースの糸巻きを左右に、リズミカルに転がしていくのです。
とても細ーい糸が、ミリ単位で模様となっていくのですから、まるで手品。
おばあさんはマジシャンのようです。
「すごい！」と声を上げた私に、おばあさんは顔をくしゃくしゃにして、笑いかけてくれました。
私はもう、おばあさんにひとめぼれ。即、おばあさんの作品を購入しました。

このレースは、窓の大きさに合わせてハサミを入れたのです。
とっても思い切りました……。

ほんとにほんとに細かな編み目。
おばあさんの優しいエネルギーが詰まっていて、
気持ちを温めてくれる。

本来はグラスマットなのですが、敷物にしてしまうにはあまりにもったいない。
考えた末、部屋の小窓に飾ることにしました。これで毎日眺めることができます。編み目からキラキラと光がさして、レースがいっそう美しく見えます。
それに、おばあさんの笑顔も見えてきます！

それから私は、部屋のほかの窓にも、このときの旅で買ったアンティークレースでカーテンを作って、飾っています。

レースと光の相性は、とにかく抜群なのです。

ボタンが好き

どこの蚤の市に行っても
ボタンばかり探してしまう。
お花のモチーフで
ガラス製だったりしたときには、
もう大変。

持っているカーディガンのボタンホールと
サイズが合ってさえいれば、
即、ボタンのつけ替え開始。
オリジナルカーディガンの出来上がり。

私が困難にぶつかったとき

ただひたすら挑戦し続ければいいのだと、
私は闘志がみなぎります。
自分を信じることで、達成できたときのビジョンも見えてきます。
すると、ワクワクして楽しくも感じます。
自分を信じることがどうしてもできないとき、達成のビジョンがまるで見えないときは、やめてしまえばいいのですから。いつでもやめられるのです。
とてもシンプルです。
困難を困難だと決めるのは自分自身だと思ってます。

30年前、ある映画の中のワンシーンの撮影で、何度演じても監督からOKがもらえないことがありました。それは深夜まで続き、あげくに夜が明けて、陽が昇ってしまったため、中止になりました。
そして再度後日に同じシーンを撮りはじめ、やっと、やっとOKを出してもらい、無事終了することができました。
私の芝居がダメだった延べ時間は、ほぼ24時間！
その間、私はずっと芝居を繰り返し続けていました（スタッフは大迷惑です）。

そのときの私は、悔しいとは思っていましたが、怖くも辛くもなく、落ち込んでもいませんでした。

「いつかは終わる」と、ただひたすら成功させて終わらせることだけを信じて演り続けていました。

いつかは終わるー。
そう考えれば、自分の人生だっていつかは終わる。
どうせ終わるなら、いつも自分をあきらめないでいたい。

いまは、
悔しいけど、鍛えてくださった○○監督に
憎たらしいけど、感謝しています。
ありがとう。

私が悲しいことにぶつかったとき

時間が解決することを信じて、時間が過ぎていくのを静かに待ちます。
何をしていても、心と頭は悲しみに占領されています。
どうして、なんでと、ぐるぐるぐるぐる頭の中で繰り返すのです。

そんなときにも、俯瞰で見ている私が「こんな状態はいまだけ」といつも言い聞かせてくれています。
傷ついたときも。
もっといい対処があったのではと反省するときも。

しかし、悲しみはかならず時間とともに薄れていきます。
だから私は、飽きるまで、ただひたすらそのことと向かい合っています。

父が亡くなったとき。終わってしまうと取り戻すことができなくなることがあるんだ、ということを心から実感しました。

もっと話せば良かった……
理解すれば良かった……
私のいろいろな決めつけが、私自身の心を閉ざしていたのでした。
だからいなくなって、本当に終わってしまったのだという悲しさの涙が止まるまで、なおさら時間がかかりました。
それからの私は、大切な人に対して、「いまこれが最後のお別れ」になっても後悔しないように心がけています。

心を**オープン**に素直にして、伝えたいことは**言葉**にして、**笑**い合える関係を会うたびにつくろう、と。

そしていまは毎日、父にはお線香をあげて
「ありがとう」を伝えています。

旅のおみやげ

旅行に行ったときの楽しみは、何といっても自分への思い出のおみやげ(もちろん、家族や友人にも)。とくに海外だと、はるばる遠くから飛行機に乗って連れてきたものなので、よりいっそう愛おしくなります。すてきな香りのするお店だったナーとか、あの店員さんいい方だったナーとか。おみやげの品を手にするだけで、なつかしい音楽を聞いたときのように、思い出を味わうことができます。

結婚後、はじめて夫婦ふたりで、スリランカへ行きました。いまでは、そこで出会ったハンドメイドのラグが、とくに愛おしいものになっています。山道を車でくねくねと移動していた道中に、ぽつんぽつんと、鮮やかな色合いのラグが、道沿いにあらわれはじめたのです。通り過ぎるたびに、

　　　(あーっ)
　　　　　　(あっ!)
　　　　　　　　　(あーっ!!)

もう二度と会えないかも!という思いが強くなり、「車を止めてくださーい!」「戻ってくださーい!」。ドライバーさんに私のわがままを聞いてもらいました。
そして、かなり興奮状態で、店先に吊るされたラグとご対面。

（間違いない！）

　（メチャクチャかわいい！）

　　（この色合わせ、異国だー！すてきだー！）

全部買い占めてしまいたいところを8枚にしぼり……。それでもスーツケースに押し込むのは大変でした。夫が大変でした！（ありがとう）

とにかく自分が心を動かされたとき、絶対にスルーしてはダメです。後悔します。出会いですから。

おかげで、毎日キッチンやバスルームで、ラグの上に立って、うふふっと、ひとりほほえんでいます。本当にわがまま言って良かった。思い出が、またひとつ増えました。

水

私のいちばん怖いことは、水がなくなってしまうこと。この恐怖感は若いころからです。雨が降らないと心配で、心配で。誰かが水道の水をジャージャー出していると、気になって、気になって。そのくらい 水 を愛しています。

日常的に行っている運動も、週に数回の水泳です。身体のすべてが水に包まれているのは、安心感があり快感です。そしてクロールでぐんぐん進んでいくときの水の音。幸せになります。

旅先の海でも、少し泳いだ後、あおむけで浮かんでいます。とくに陽が昇ったばかりの時間帯は新鮮で、1日のはじまりの神聖さに満ちています。自分が誰なのか分からなくなるほど、海と一体になって、溶けてしまいそうです。
昨日のこともすっかりきれいに終わりにできます。
実際、海水は心身にとても良いそう。
普段のお風呂のお湯にも、お塩を入れます。私にとっての浄化です。

水の力をもらって、リセットしていると、新鮮な気分で毎日を過ごすことができるのです。
蛇口をひねると出てきてくれる水に、今日も思わずほっとしてしまいます。

気持ちを伝えるお手紙

私は、とくに大切なお手紙を書くときには、自然と筆ペンを選び、たて書きになります。相手に向かう気持ちが、よりまっすぐになって、気が引き締まるからかもしれません。

字はとてもきれいとは言えないので、何度も書き直さなければなりません。ひたすら、ていねいに、ていねいに書くことしかできないのですが……。文字に力を込めたり、大きくしたり小さくしたり、字の書き方で気持ちを表現しながら、私なりに一生懸命書いて伝えます。
だから手紙を書くといつも、ツールをうまく使いこなせないでいる自分の未熟さと向き合うことにもなってしまうのです。

将来は、すてきな言葉で、大人の女性らしい字体で、頑張らずにさらっとお手紙が書けるようになりたい。そして、相手の方がほっこりするような小さな心遣いができる粋な大人になることを夢みています。

お守りアロマ

いつも私のそばにあるのは、アロマオイル(精油)です。
バスルームにも、ベッドサイドにも、キッチンにも。
バッグにも何種類も小瓶に入れて持ち歩いています。
私が使っている精油は、100％天然で純粋なものなので、
直接肌につけられて、口にいれることもできます。植物の
生命エネルギーが、ぎゅっと詰まっているのが嬉しいです。

撮影時の楽屋では、オレンジ、グレープフルーツ、レモン
などの柑橘系をコットンに垂らして、部屋中を爽やかで清
潔な雰囲気に変身させます。

乗り物や劇場などたくさんの人が集まる場所は、ペパーミ
ントやフランキンセンスを首の後ろや手首に垂らしてガー
ドします。いろいろなニオイからも解放され、安心感で満
たされます。

ラベンダーは心身を落ち着かせて、緊張、イライラをほぐ
してくれます。
顔面に出没する吹き出物には、指に1滴垂らしてから、そ
のポイントにあてて、30秒くらい押さえ、「どうか、出
てこないで治ってくださいナ」とお願いします。

ほかにも腹痛、頭痛、気分が悪いとき、殺菌したいとき、眠いとき、眠れないとき……身体の不快をいつも癒してくれるのです。

香りはほんの数秒（わずか0.2秒！）で脳に届き、「本能と感情の脳」といわれる大脳辺縁系に直接到達するそうです。それに、記憶、ホルモン系、自律神経系、免疫系にも影響を与えるのだそうです。気持ちを落ち着かせたり、高めたり……女性であることを思い出したいときにも、☺使ってまーす。

ある日の深夜、
突然の地震が起きたときのことです。
私が寝ボケて慌てて手にしたものは、アロマオイルの1本の瓶だったのでした。
とっさにとった私の行動は、かなり滑稽で情けないものでしたが、私の大切なお守りになっていることは間違いないのです。

ウォルドルフ人形で癒し効果をいっそう高めて……
いつも一緒。

もしも、女優でなかったら

美術さんがいい！
セットの作り、小道具選びには、いつも興味津々です。
「この役の毎日過ごしている部屋を、このテイストにしたんだ」とか
「あのひとことの台詞をとって、テーブルにこれを置いたのね～」とか。
役柄やストーリーをぐっと広げてくれます。繊細に表現されているときなど、感動です。

ぁー、**照明さん**もいいナー。
照明で、シーンを読み込んだ上での、光の演出がされているときなど、演じるほうとしてはものすごく気持ちが高ぶります。照明さんは光と影を操るアーティストです。

昔、撮影現場で、美術さんが使っていた大きなホチキスのような「タッカー」という道具の虜になってしまいました。「私も打ってみたい！」という気持ちが収まらず、お願いして2日間という期限つきで借りて、自宅に持ち帰ったことがあります。
さっそく、友人にもらったお気に入りの布を、タッカーを使ってベッドに張りつけることにしたのです。ベッドの木枠を解体し、布を裁断して張りつけ、タッカーでガチン、ガチンと留めていったのです。自分がまるで大道具さんにでもなったような、とてもカッコいい気分をたっぷり味わ

うことができました。そしてベッドを組み直して完成。お揃いの布のベッドカバーつきです。大満足でした。

あー、あのタッカーを打つ快感……忘れられない。
また、何か作ってみたいです。

自由な手編みのマフラー

好きな色で
好きなモチーフで
好きな組み合わせで
好きな大きさに作る。

好きがいっぱいだから
パワフルです!

夕方のごほうび

お料理をしながら、ワインをいただく楽しみは、私の習慣
になっています。

夕食づくりは家事の山場。
子どもたちも無事帰宅して、1日のほぼ終わりを迎える、
感謝のときです。

乾杯しなきゃ、です。

ワインを飲んで、テンション上げて、お料理のやる気を出
します。
だから、グラスも自分のお気に入りで……、こだわります。
キッチンでは脚の短いゴブレットタイプが安心。
今日はどのグラスにしようか……と、
その日の気分に合わせて選ぶのもささやかな楽しみ。

自分のためだけのちょっとした贅沢と、
今日の自分へのごほうびが、
私、明日も頑張ろう！と思わせてくれるのです。

子どもたちに
　　　　伝えたいこと

私が結婚したかったいちばんの理由は、子どもが欲しかったから。
これは子どものころからの当たり前のビジョンでした。そして実際、ありがたいことに3人の子どもに恵まれました。

10代にはもう芸能界に入っていたので、私の事務所があって、私のマネージャーがいました。何でもケアされ、いつでも保護されていたのです。
なので、私にとって本当の意味で社会を知ったのは、長男を産んでからだったと思います。

幼稚園や病院、公共施設などで出会う人とコミュニケーションをとることでさえ不慣れでドギマギしているような毎日でした。

子どもに、かなり心細い思いをさせたことと思います。そういう私ですから、母親である、という威厳は最初からありません。そう見せようともしませんでした。思いつく余裕すらなかったのです。

とにかくひとりの人間として子どもと接しました。私もひとりの人間、だから子どももひとりの人間。私ができないことはできないと、分からないことは分からないと、間違えれば謝る。

子どもには、本人の意思をかならず尋ねてきました。やりたいこと、やりたくないこと。何が好きで嫌いなのか。どの服を着たいのか。どっちの学校へ行きたいのか。

もちろん私の考えや気持ちも意見して伝えます。いろんな事情でこうしてほしい、というときには理由を説明して分かってもらいます。

子どもを人として尊重することにしています。

それは、私自身も尊重してもらいたいし、何より自由でいたいからです。

子どもが3人いれば、本当に三人三様で、それぞれ違う主張をしてきます。同じ親の子か、と思うくらい個性も違います。

人って、生まれたときに持ってきている、もともとの性質というものがあるのだと、つくづく思ってしまいます。

人は自由な気持ちでいると、自分の好きなことも見つけやすいのでは、と思っています。子どもたちには、「とにかく好きなことを見つけるんだよ」と言っています。
何でもいいんです。
音楽でも、絵でも、本でも、食べることでも、人物でもいいです。
好きなものがあると、幸せでいられると私は思うのです。

それから、人に気を遣うことができる人になってほしいと思います。
人を感じたり、人の気持ちを汲むことのできる、優しい、心の余裕のある人になってほしいです。人を傷つけること、迷惑をかけることは、もってのほかです。

私の望みを子どもたちに伝えることまではできるのですが、本人たちがどうするかは……？？？
あとは、ただ祈るばかりです。

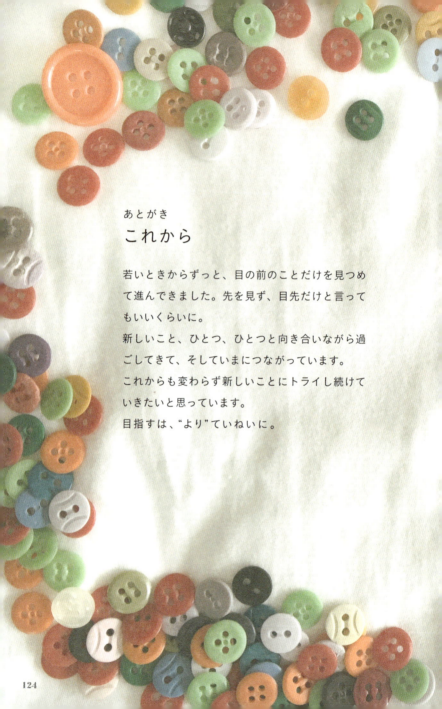

あとがき
これから

若いときからずっと、目の前のことだけを見つめて進んできました。先を見ず、目先だけと言ってもいいくらいに。
新しいこと、ひとつ、ひとつと向き合いながら過ごしてきて、そしていまにつながっています。
これからも変わらず新しいことにトライし続けていきたいと思っています。
目指すは、"より"ていねいに。

そして自分自身が新鮮でいることと、成長していくことを強く望んでいます。
ずっとドキドキワクワクしていたいから。

そしておばあちゃんになったら、人の話を聞いて、ドキドキワクワクして過ごしたい。
世代を越えて、みんなが話をしに来たくなるような、会いたいと心から思ってくれるような、そんなおばあちゃんになりたいナ。

Text & illustrations : Narumi Yasuda
Photographs : Ginji Kinashi
Office cocca : Taichi Sano, Miyuki Uchida

Thanks to Takako Peedle.

édition PAUMES
Art direction : Hisashi Tokuyoshi
Design : Kei Yamazaki, Megumi Mori
Editorial advisor : Fumie Shimoji
Editors : Rie Sakai, Coco Tashima
Sales manager : Tomoko Osada

Impression : Makoto Printing System
Distribution : Shufunotomosha

Narumi Yasuda 安田 成美

女優として、TVドラマにCM、映画、舞台と幅広く活躍を続ける。同じく芸能界で人気を博す木梨憲武さんと結婚し、現在二男一女の母。長きに渡って仕事と家庭を両立しながら、いまなお魅力を重ねていく姿が注目され続けている。

édition PAUMES ジュウ・ドゥ・ポゥム

フランスをはじめ、海外のアーティストたちの日本での活動をプロデュース。そして世界中のアーティストたちのライフスタイルを紹介した書籍を手がけている。近著に『パリに行きたくなる50の理由』など。また、ギャラリーショップ「ギャラリー・ドゥー・ディマンシュ」を表参道にて運営。
www.paumes.com
www.2dimanche.com

Love, Love, Love!

愛だナ！
　あい

2016年12月10日　初版第1刷発行

著者：安田 成美
　　　やすだ　なるみ

発行人：徳吉 久、下地 文恵
発行所：有限会社ジュウ・ドゥ・ポゥム
　　　　〒150-0001 東京都渋谷区神宮前3-5-6
　　　　編集部 TEL / 03-5413-5541
　　　　www.paumes.com

発売元：株式会社 主婦の友社
　　　　〒101-8911 東京都千代田区神田駿河台2-9
　　　　販売部 TEL / 03-5280-7551

印刷製本：マコト印刷株式会社

© Narumi Yasuda 2016 Printed Japan
ISBN 978-4-07-420073-3

Ⓡ ＜日本複製権センター委託出版物＞
本書を無断で複写複製(電子化を含む)することは、著作権法上の例外を除き、禁じられています。本書をコピーされる場合は、事前に公益社団法人日本複製権センター(JRRC)の許諾を受けてください。
また本書を代行業者等の第三者に依頼してスキャンやデジタル化することは、たとえ個人や家庭内での利用であっても、一切認められておりません。
日本複製権センター(JRRC)
http://www.jrrc.or.jp　eメール：jrrc_info@jrrc.or.jp　電話：03-3401-2382

＊乱丁本、落丁本はおとりかえします。お買い求めの書店か、
　主婦の友社 販売部 03-5280-7551 にご連絡ください。
＊記事内容に関する場合はジュウ・ドゥ・ポゥム 03-5413-5541 まで。
＊主婦の友社発売の書籍・ムックのご注文はお近くの書店か、
　コールセンター 0120-916-892 まで。主婦の友社ホームページ
　http://www.shufunotomo.co.jp/ からもお申し込みになれます。